KB240420

독 | 송 | 본

조계종 표준

금 / 강 / 반 / 야 / 바 / 라 / 밀 / 경

金剛般若波羅蜜經

대한불교조계종 교육원 편역

일러두기

1. 본 금강경은 고려대장경 구마라집 역을 저본으로 하였습니다.
2. 고려대장경 구마라집 역 금강경은 동국대 불교학술원(abchome.dongguk.edu)에서 검색하실 수 있습니다.

金剛般若波羅蜜經
금강반야바라밀경

姚秦 天竺三藏 鳩摩羅什 譯
요진 천축삼장 구마라집 역

一. 法會因由分
법회인유분

如是我聞 一時 佛在舍衛國祇樹給孤
여시아문 일시 불재사위국기수급고

獨園 與大比丘衆 千二百五十人俱
독원 여대비구중 천이백오십인구

爾時 世尊食時 著衣持鉢 入舍衛大
이시 세존식시 착의지발 입사위대

城乞食 於其城中 次第乞已 還至本
성걸식 어기성중 차제걸이 환지본

處 飯食訖 收衣鉢 洗足已 敷座而坐
처 반사흘 수의발 세족이 부좌이좌

확고한 지혜의 완성에 이르는 길

1. 법회의 인연

이와 같이 나는 들었습니다. 어느 때 부처님께서 거룩한 비구 천이백오십 명과 함께 사위국 기수급고독원에 계셨습니다. 그때 세존께서는 공양 때가 되어 가사를 입고 발우를 들고 걸식하고자 사위대성에 들어가셨습니다. 성 안에서 차례로 걸식하신 후 본래의 처소로 돌아와 공양을 드신 뒤 가사와 발우를 거두고 발을 씻으신 다음 자리를 펴고 앉으셨습니다.

時 長老須菩提 在大衆中 卽從座起
시 장로수보리 재대중중 즉종좌기

偏袒右肩 右膝著地 合掌恭敬 而白
편단우견 우슬착지 합장공경 이백

佛言 希有世尊 如來善護念諸菩薩
불언 희유세존 여래선호념제보살

善付囑諸菩薩 世尊 善男子善女人
선부촉제보살 세존 선남자선여인

發阿耨多羅三藐三菩提心 應云何住
발아누다라삼먁삼보리심 응운하주

云何降伏其心 佛言 善哉善哉 須菩
운하항복기심 불언 선재선재 수보

提 如汝所說 如來 善護念諸菩薩 善
리 여여소설 여래 선호념제보살 선

付囑諸菩薩 汝今諦聽 當爲汝說 善
부촉제보살 여금제청 당위여설 선

4

그때 대중 가운데 있던 수보리 장로가 자리에서 일어나 오른쪽 어깨를 드러내고 오른 무릎을 땅에 대며 합장하고 공손히 부처님께 여쭈었습니다.

"경이롭습니다, 세존이시여! 여래께서는 보살들을 잘 보호해 주시며 보살들을 잘 격려해 주십니다. 세존이시여! 가장 높고 바른 깨달음을 얻고자 하는 선남자 선여인이 어떻게 살아야 하며 어떻게 그 마음을 다스려야 합니까?"

부처님께서 말씀하셨습니다.

"훌륭하고 훌륭하다. 수보리여! 그대의 말과 같이 여래는 보살들을 잘 보호해 주며 보살들을 잘 격려해 준다. 그대는 자세히 들어라. 그대에게 설하리라. 가장 높고 바른 깨달음을 얻고자 하는 선남자 선여인은 이와 같이 살아야 하며 이와 같이

男子善女人　發阿耨多羅三藐三菩提
남자선여인　발아누다라삼먁삼보리

心　應如是住　如是降伏其心　唯然世
심　응여시주　여시항복기심　유연세

尊　願樂欲聞
존　원요욕문

三. 大乘正宗分
대승정종분

佛告須菩提　諸菩薩摩訶薩　應如是降
불고수보리　제보살마하살　응여시항

伏其心　所有一切衆生之類　若卵生
복기심　소유일체중생지류　약난생

若胎生　若濕生　若化生　若有色　若無
약태생　약습생　약화생　약유색　약무

色　若有想　若無想　若非有想非無想
색　약유상　약무상　약비유상비무상

我皆令入無餘涅槃　而滅度之　如是滅
아개영입무여열반　이멸도지　여시멸

6

그 마음을 다스려야 한다.”

 “예, 세존이시여!”라고 하며 수보리는 즐거이 듣고자 하였습니다.

 부처님께서 수보리에게 말씀하셨습니다.

 “모든 보살마하살은 다음과 같이 그 마음을 다스려야 한다. ‘알에서 태어난 것이나, 태에서 태어난 것이나, 습기에서 태어난 것이나, 변화하여 태어난 것이나, 형상이 있는 것이나, 형상이 없는 것이나, 생각이 있는 것이나, 생각이 없는 것이나, 생각이 있는 것도 아니고 없는 것도 아닌 온갖 중생들을 내가 모두 완전한 열반에 들게 하리라. 이와 같이 헤아릴 수 없이 많은 중생을 열반

度無量無數無邊衆生　實無衆生得滅
도무량무수무변중생　실무중생득멸

度者　何以故　須菩提　若菩薩　有我相
도자　하이고　수보리　약보살　유아상

人相　衆生相　壽者相　即非菩薩
인상　중생상　수자상　즉비보살

四. 妙行無住分
묘행무주분

復次須菩提　菩薩於法　應無所住　行
부차수보리　보살어법　응무소주　행

於布施　所謂不住色布施　不住聲香味
어보시　소위부주색보시　부주성향미

觸法布施　須菩提　菩薩應如是布施
촉법보시　수보리　보살응여시보시

不住於相　何以故　若菩薩不住相布施
부주어상　하이고　약보살부주상보시

其福德不可思量　須菩提　於意云何
기복덕불가사량　수보리　어의운하

에 들게 하였으나, 실제로는 완전한 열반을 얻은 중생이 아무도 없다.'

왜냐하면 수보리여! 보살에게 자아가 있다는 관념, 개아가 있다는 관념, 중생이 있다는 관념, 영혼이 있다는 관념이 있다면 보살이 아니기 때문이다."

"또한 수보리여! 보살은 어떤 대상에도 집착 없이 보시해야 한다. 말하자면 형색에 집착 없이 보시해야 하며 소리, 냄새, 맛, 감촉, 마음의 대상에도 집착 없이 보시해야 한다.

4. 집착 없는 보시

수보리여! 보살은 이와 같이 보시하되 어떤 대상에 대한 관념에도 집착하지 않아야 한다. 왜냐하면 보살이 대상에 대한 관념에 집착 없이 보시한다면 그 복덕은 헤아릴 수 없기 때문이다.

수보리여! 그대 생각은 어떠한가? 동쪽 허공을

東方虛空 可思量不 不也世尊 須菩
동방허공 가사량부 불야세존 수보

提 南西北方 四維上下虛空 可思量
리 남서북방 사유상하허공 가사량

不 不也世尊 須菩提 菩薩無住相布
부 불야세존 수보리 보살무주상보

施福德 亦復如是 不可思量 須菩提
시복덕 역부여시 불가사량 수보리

菩薩但應如所敎住
보살단응여소교주

五. 如理實見分
여리실견분

須菩提 於意云何 可以身相 見如來
수보리 어의운하 가이신상 견여래

不 不也世尊 不可以身相 得見如來
부 불야세존 불가이신상 득견여래

何以故 如來所說身相 即非身相 佛
하이고 여래소설신상 즉비신상 불

헤아릴 수 있겠는가?"

"없습니다, 세존이시여!"

"수보리여! 남서북방, 사이사이, 아래 위 허공을 헤아릴 수 있겠는가?"

"없습니다, 세존이시여!"

"수보리여! 보살이 대상에 대한 관념에 집착하지 않고 보시하는 복덕도 이와 같이 헤아릴 수 없다. 수보리여! 보살은 반드시 가르친 대로 살아야 한다."

"수보리여! 그대 생각은 어떠한가? 신체적 특징을 가지고 여래라고 볼 수 있는가?"

"없습니다, 세존이시여! 신체적 특징을 가지고 여래라고 볼 수는 없습니다. 왜냐하면 여래께서 말씀하신 신체적 특징은 바로 신체적 특징이 아

告 須 菩 提　凡 所 有 相　皆 是 虛 妄　若 見
고수보리 범소유상 개시허망 약견

諸 相 非 相　則 見 如 來
제상비상 즉견여래

須 菩 提 白 佛 言　世 尊　頗 有 衆 生　得 聞
수보리백불언 세존 파유중생 득문

如 是 言 說 章 句　生 實 信 不　佛 告 須 菩 提
여시언설장구 생실신부 불고수보리

莫 作 是 說　如 來 滅 後　後 五 百 歲　有 持
막작시설 여래멸후 후오백세 유지

戒 修 福 者　於 此 章 句　能 生 信 心　以 此
계수복자 어차장구 능생신심 이차

爲 實　當 知 是 人　不 於 一 佛 二 佛 三 四 五
위실 당지시인 불어일불이불삼사오

佛　而 種 善 根　已 於 無 量　千 萬 佛 所　種
불 이종선근 이어무량 천만불소 종

12

니기 때문입니다."

부처님께서 수보리에게 말씀하셨습니다.

"신체적 특징들은 모두 헛된 것이니 신체적 특징이 신체적 특징 아님을 본다면 바로 여래를 보리라."

수보리가 부처님께 여쭈었습니다.

"세존이시여! 이와 같은 말씀을 듣고 진실한 믿음을 내는 중생들이 있겠습니까?"

부처님께서 수보리에게 말씀하셨습니다.

"그런 말 하지 말라. 여래가 열반에 든 오백년 뒤에도 계를 지니고 복덕을 닦는 이는 이러한 말에 신심을 낼 수 있고 이것을 진실한 말로 여길 것이다. 이 사람은 한 부처님이나 두 부처님, 서너 다섯 부처님께 선근을 심었을 뿐만 아니라 이미 한량없는 부처님 처소에서 여러 가지 선근을 심었으므로 이 말씀을 듣고 잠깐이라도 청정한

諸善根　聞是章句　乃至一念　生淨信
제선근　문시장구　내지일념　생정신

者　須菩提　如來悉知悉見　是諸衆生
자　수보리　여래실지실견　시제중생

得如是無量福德　何以故　是諸衆生
득여시무량복덕　하이고　시제중생

無復我相人相衆生相壽者相　無法相
무부아상인상중생상수자상　무법상

亦無非法相　何以故　是諸衆生　若心
역무비법상　하이고　시제중생　약심

取相　則爲着我人衆生壽者　若取法相
취상　즉위착아인중생수자　약취법상

卽着我人衆生壽者　何以故　若取非法
즉착아인중생수자　하이고　약취비법

相　卽着我人衆生壽者　是故　不應取
상　즉착아인중생수자　시고　불응취

믿음을 내는 자임을 알아야 한다.

수보리여! 여래는 이러한 중생들이 이와 같이 한량없는 복덕 얻음을 다 알고 다 본다. 왜냐하면 이러한 중생들은 다시는 자아가 있다는 관념, 개아가 있다는 관념, 중생이 있다는 관념, 영혼이 있다는 관념이 없고, 법이라는 관념이 없으며 법이 아니라는 관념도 없기 때문이다.

왜냐하면 이러한 중생들이 마음에 관념을 가지면 자아·개아·중생·영혼에 집착하는 것이고 법이라는 관념을 가지면 자아·개아·중생·영혼에 집착하는 것이기 때문이다.

왜냐하면 법이 아니라는 관념을 가져도 자아·개아·중생·영혼에 집착하는 것이기 때문이다. 그러므로 법에 집착해도 안 되고 법 아닌 것에 집착해서도 안 된다.

法　不應取非法　以是義故　如來常說
법　불응취비법　이시의고　여래상설

汝等比丘　知我說法　如筏喻者　法尙
여등비구　지아설법　여벌유자　법상

應捨　何況非法
응사　하황비법

七. 無得無說分
무득무설분

須菩提　於意云何　如來得阿耨多羅三
수보리　어의운하　여래득아누다라삼

藐三菩提耶　如來有所說法耶　須菩提
먁삼보리야　여래유소설법야　수보리

言　如我解佛所說義　無有定法名阿耨
언　여아해불소설의　무유정법명아누

多羅三藐三菩提　亦無有定法如來可
다라삼먁삼보리　역무유정법여래가

說　何以故　如來所說法　皆不可取　不
설　하이고　여래소설법　개불가취　불

16

그러기에 여래는 늘 설했다. 너희 비구들이여! 나의 설법은 뗏목과 같은 줄 알아라. 법도 버려야 하거늘 하물며 법 아닌 것이랴!"

"수보리여! 그대 생각은 어떠한가? 여래가 가 장 높고 바른 깨달음을 얻었는가? 여래가 설한 법이 있는가?"

수보리가 대답하였습니다.

"제가 부처님께서 말씀하신 뜻을 이해하기로는 가장 높고 바른 깨달음이라 할 만한 정해진 법이 없고, 또한 여래께서 설한 단정적인 법도 없습니 다. 왜냐하면 여래께서 설한 법은 모두 얻을 수도 없고 설할 수도 없으며, 법도 아니고 법 아님도 아

可說 非法 非非法 所以者何 一切賢
가설 비법 비비법 소이자하 일체현

聖 皆以無爲法 而有差別
성 개이무위법 이유차별

須菩提 於意云何 若人 滿三千大千
수보리 어의운하 약인 만삼천대천

世界七寶 以用布施 是人 所得福德
세계칠보 이용보시 시인 소득복덕

寧爲多不 須菩提言 甚多世尊 何以
영위다부 수보리언 심다세존 하이

故 是福德 卽非福德性 是故如來說
고 시복덕 즉비복덕성 시고여래설

福德多 若復有人 於此經中 受持乃
복덕다 약부유인 어차경중 수지내

至四句偈等 爲他人說 其福勝彼 何
지사구게등 위타인설 기복승피 하

18

니기 때문입니다. 그것은 모든 성현들이 다 무위
법 속에서 차이가 있는 까닭입니다."

"수보리여! 그대 생각은 어떠한가? 어떤 사람
이 삼천대천세계에 칠보를 가득 채워 보시한다면
이 사람의 복덕이 진정 많겠는가?"

수보리가 대답하였습니다.

"매우 많습니다, 세존이시여! 왜냐하면 이 복덕
은 바로 복덕의 본질이 아닌 까닭에 여래께서는
복덕이 많다고 하셨기 때문입니다."

"다시 어떤 사람이 이 경의 사구게만이라도 받
고 지니고 다른 사람을 위해 설해 준다고 하자. 그
러면 이 복이 저 복보다 더 뛰어나다. 왜냐하면 수
보리여! 모든 부처님과 모든 부처님의 가장 높고

以故　須菩提　一切諸佛　及諸佛阿耨
이고　수보리　일체제불　급제불아누

多羅三藐三菩提法　皆從此經出　須菩
다라삼먁삼보리법　개종차경출　수보

提　所謂佛法者　即非佛法
리　소위불법자　즉비불법

九. 一相無相分
　일상무상분

須菩提　於意云何　須陀洹　能作是念
수보리　어의운하　수다원　능작시념

我得須陀洹果不　須菩提言　不也世尊
아득수다원과부　수보리언　불야세존

何以故　須陀洹　名爲入流　而無所入
하이고　수다원　명위입류　이무소입

不入色聲香味觸法　是名須陀洹　須菩
불입색성향미촉법　시명수다원　수보

提　於意云何　斯陀含　能作是念　我得
리　어의운하　사다함　능작시념　아득

바른 깨달음의 법은 다 이 경에서 나왔기 때문이다. 수보리여! 부처의 가르침이라고 말하는 것은 부처의 가르침이 아니다.”

"수보리여! 그대 생각은 어떠한가? 수다원이 ‘나는 수다원과를 얻었다.’고 생각하겠는가?”

수보리가 대답하였습니다.

"아닙니다, 세존이시여! 왜냐하면 수다원은 ‘성자의 흐름에 든 자’라고 불리지만 들어간 곳이 없으니 형색, 소리, 냄새, 맛, 감촉, 마음의 대상에 들어가지 않는 것을 수다원이라 하기 때문입니다.”

"수보리여! 그대 생각은 어떠한가? 사다함이 ‘나는 사다함과를 얻었다.’고 생각하겠는가?”

斯 陀 含 果 不　須 菩 提 言　不 也 世 尊　何
사 다 함 과 부　수 보 리 언　불 야 세 존　하

以 故　斯 陀 含　名 一 往 來　而 實 無 往 來
이 고　사 다 함　명 일 왕 래　이 실 무 왕 래

是 名 斯 陀 含　須 菩 提　於 意 云 何　阿 那
시 명 사 다 함　수 보 리　어 의 운 하　아 나

含　能 作 是 念　我 得 阿 那 含 果 不　須 菩
함　능 작 시 념　아 득 아 나 함 과 부　수 보

提 言　不 也 世 尊　何 以 故　阿 那 含　名 爲
리 언　불 야 세 존　하 이 고　아 나 함　명 위

不 來　而 實 無 不 來　是 故　名 阿 那 含　須
불 래　이 실 무 불 래　시 고　명 아 나 함　수

菩 提　於 意 云 何　阿 羅 漢　能 作 是 念　我
보 리　어 의 운 하　아 라 한　능 작 시 념　아

得 阿 羅 漢 道 不　須 菩 提 言　不 也 世 尊
득 아 라 한 도 부　수 보 리 언　불 야 세 존

수보리가 대답하였습니다.

"아닙니다, 세존이시여! 왜냐하면 사다함은 '한 번만 돌아올 자'라고 불리지만 실로 돌아옴이 없는 것을 사다함이라 하기 때문입니다."

"수보리여! 그대 생각은 어떠한가? 아나함이 '나는 아나함과를 얻었다.'고 생각하겠는가?"

수보리가 대답하였습니다.

"아닙니다, 세존이시여! 왜냐하면 아나함은 '되돌아오지 않는 자'라고 불리지만 실로 되돌아오지 않음이 없는 것을 아나함이라 하기 때문입니다."

"수보리여! 그대 생각은 어떠한가? 아라한이 '나는 아라한의 경지를 얻었다.'고 생각하겠는가?"

수보리가 대답하였습니다.

"아닙니다, 세존이시여! 왜냐하면 실제 아라한이라 할 만한 법이 없기 때문입니다. 세존이시여!

何 以 故　實 無 有 法 名 阿 羅 漢　世 尊　若
하 이 고　실 무 유 법 명 아 라 한　세 존　약

阿 羅 漢　作 是 念　我 得 阿 羅 漢 道　卽 爲
아 라 한　작 시 념　아 득 아 라 한 도　즉 위

着 我 人 衆 生 壽 者　世 尊　佛 說 我 得 無 諍
착 아 인 중 생 수 자　세 존　불 설 아 득 무 쟁

三 昧 人 中　最 爲 第 一　是 第 一 離 欲 阿 羅 漢
삼 매 인 중　최 위 제 일　시 제 일 이 욕 아 라 한

世 尊　我 不 作 是 念　我 是 離 欲 阿 羅 漢
세 존　아 부 작 시 념　아 시 이 욕 아 라 한

世 尊　我 若 作 是 念　我 得 阿 羅 漢 道　世 尊
세 존　아 약 작 시 념　아 득 아 라 한 도　세 존

則 不 說　須 菩 提 是 樂 阿 蘭 那 行 者　以 須
즉 불 설　수 보 리 시 요 아 란 나 행 자　이 수

菩 提 實 無 所 行　而 名 須 菩 提　是 樂 阿 蘭
보 리 실 무 소 행　이 명 수 보 리　시 요 아 란

아라한이 '나는 아라한의 경지를 얻었다.'고 생각한다면 자아·개아·중생·영혼에 집착하는 것입니다.

세존이시여! 부처님께서 저를 다툼 없는 삼매를 얻은 사람 가운데 제일이고 욕망을 여윈 제일가는 아라한이라고 말씀하셨습니다. 저는 '나는 욕망을 여윈 아라한이다.'라고 생각하지 않습니다.

세존이시여! 제가 '나는 아라한의 경지를 얻었다.'고 생각한다면 세존께서는 '수보리는 적정행을 즐기는 사람이다. 수보리는 실로 적정행을 한 것이 없으므로 수보리는 적정행을 즐긴다고 말한다.'라고 설하지 않으셨을 것입니다."

那行
나행

十. 莊嚴淨土分
장엄정토분

佛告須菩提　於意云何　如來　昔在然
불고수보리　어의운하　여래　석재연

燈佛所　於法有所得不　不也世尊　如
등불소　어법유소득부　불야세존　여

來在然燈佛所　於法實無所得　須菩提
래재연등불소　어법실무소득　수보리

於意云何　菩薩　莊嚴佛土不　不也世
어의운하　보살　장엄불토부　불야세

尊　何以故　莊嚴佛土者　則非莊嚴　是
존　하이고　장엄불토자　즉비장엄　시

名莊嚴　是故　須菩提　諸菩薩摩訶薩
명장엄　시고　수보리　제보살마하살

應如是生淸淨心　不應住色生心　不應
응여시생청정심　불응주색생심　불응

26

부처님께서 수보리에게 말씀하셨습니다.

"그대 생각은 어떠한가? 여래가 옛적에 연등부처님 처소에서 법을 얻은 것이 있는가?"

"없습니다, 세존이시여! 여래께서 연등부처님 처소에서 실제로 법을 얻은 것이 없습니다."

"수보리여! 그대 생각은 어떠한가? 보살이 불국토를 아름답게 꾸미는가?"

"아닙니다, 세존이시여! 왜냐하면 불국토를 아름답게 꾸민다는 것은 아름답게 꾸미는 것이 아니므로 아름답게 꾸민다고 말하기 때문입니다."

"그러므로 수보리여! 모든 보살마하살은 이와 같이 깨끗한 마음을 내어야 한다. 형색에 집착하지 않고 마음을 내어야 하고 소리, 냄새, 맛, 감

住聲香味觸法生心　應無所住　而生其
주성향미촉법생심　응무소주　이생기

心　須菩提　譬如有人　身如須彌山王
심　수보리　비여유인　신여수미산왕

於意云何　是身爲大不　須菩提言　甚
어의운하　시신위대부　수보리언　심

大世尊　何以故　佛說非身　是名大身
대세존　하이고　불설비신　시명대신

須菩提　如恒河中所有沙數　如是沙等
수보리　여항하중소유사수　여시사등

恒河　於意云何　是諸恒河沙　寧爲多
항하　어의운하　시제항하사　영위다

不　須菩提言　甚多世尊　但諸恒河　尙
부　수보리언　심다세존　단제항하　상

多無數　何況其沙　須菩提　我今實言
다무수　하황기사　수보리　아금실언

촉, 마음의 대상에도 집착하지 않고 마음을 내어야 한다. 마땅히 집착 없이 그 마음을 내어야 한다.

수보리여! 어떤 사람의 몸이 산들의 왕 수미산만큼 크다면 그대 생각은 어떠한가? 그 몸이 크다고 하겠는가?"

수보리가 대답하였습니다.

"매우 큽니다, 세존이시여! 왜냐하면 부처님께서는 몸 아님을 설하셨으므로 큰 몸이라 말씀하셨기 때문입니다."

11. 무위법의 뛰어난 복덕

"수보리여! 항하의 모래 수만큼 항하가 있다면 그대 생각은 어떠한가? 이 모든 항하의 모래 수는 진정 많다고 하겠는가?"

수보리가 대답하였습니다.

"매우 많습니다, 세존이시여! 항하들만 해도 헤아릴 수 없이 많은데 하물며 그것의 모래이겠습니까?"

告汝　若有善男子善女人　以七寶滿爾
고여　약유선남자선여인　이칠보만이

所恒河沙數三千大千世界　以用布施
소항하사수삼천대천세계　이용보시

得福多不　須菩提言　甚多世尊　佛告
득복다부　수보리언　심다세존　불고

須菩提　若善男子善女人　於此經中
수보리　약선남자선여인　어차경중

乃至受持四句偈等　爲他人說　而此福
내지수지사구게등　위타인설　이차복

德　勝前福德
덕　승전복덕

十二.
尊重正敎分
존중정교분
復次須菩提　隨說是經　乃至四句偈等
부차수보리　수설시경　내지사구게등

當知此處　一切世間天人阿修羅　皆應
당지차처　일체세간천인아수라　개응

"수보리여! 내가 지금 진실한 말로 그대에게 말한다. 선남자 선여인이 그 항하 모래 수만큼의 삼천대천세계에 칠보를 가득 채워 보시한다면 그 복덕이 많겠는가?"

수보리가 대답하였습니다.

"매우 많습니다, 세존이시여!"

부처님께서 수보리에게 말씀하셨습니다.

"선남자 선여인이 이 경의 사구게만이라도 받고 지니고 다른 사람을 위해 설해 준다면 이 복이 저 복보다 더 뛰어나다."

"또한 수보리여! 이 경의 사구게만이라도 설해지는 곳곳마다 어디든지 모든 세상의 천신·인간·아수라가 마땅히 공양할 부처님의 탑묘임을

供養 如佛塔廟 何況有人盡能受持讀
공양 여불탑묘 하황유인진능수지독

誦 須菩提 當知是人成就最上第一希
송 수보리 당지시인성취최상제일희

有之法 若是經典所在之處 則爲有佛
유지법 약시경전소재지처 즉위유불

若尊重弟子
약존중제자

爾時 須菩提白佛言 世尊 當何名此
이시 수보리백불언 세존 당하명차

經 我等云何奉持 佛告須菩提 是經
경 아등운하봉지 불고수보리 시경

名爲金剛般若波羅蜜 以是名字 汝當
명위금강반야바라밀 이시명자 여당

奉持 所以者何 須菩提 佛說般若波
봉지 소이자하 수보리 불설반야바

알아야 한다. 하물며 이 경 전체를 받고 지니고 읽고 외우는 사람이랴!

수보리여! 이 사람은 가장 높고 가장 경이로운 법을 성취할 것임을 알아야 한다. 이와 같이 경전이 있는 곳은 부처님과 존경받는 제자들이 계시는 곳이다."

그때 수보리가 부처님께 여쭈었습니다.

"세존이시여! 이 경을 무엇이라 불러야 하며 저희들이 어떻게 받들어 지녀야 합니까?"

부처님께서 수보리에게 말씀하셨습니다.

"이 경의 이름은 '금강반야바라밀'이니, 이 제목으로 너희들은 받들어 지녀야 한다. 그것은 수보리여! 여래는 반야바라밀을 반야바라밀이 아

羅蜜　則非般若波羅蜜　是名般若波羅
라밀　즉비반야바라밀　시명반야바라

蜜　須菩提　於意云何　如來有所說法
밀　수보리　어의운하　여래유소설법

不　須菩提白佛言　世尊　如來無所說
부　수보리백불언　세존　여래무소설

須菩提　於意云何　三千大千世界　所
수보리　어의운하　삼천대천세계　소

有微塵　是爲多不　須菩提言　甚多世
유미진　시위다부　수보리언　심다세

尊　須菩提　諸微塵　如來說非微塵　是
존　수보리　제미진　여래설비미진　시

名微塵　如來說世界　非世界　是名世
명미진　여래설세계　비세계　시명세

界　須菩提　於意云何　可以三十二相
계　수보리　어의운하　가이삼십이상

니라 설하였으므로 반야바라밀이라 말한 까닭이다. 수보리여! 그대 생각은 어떠한가? 여래가 설한 법이 있는가?"

수보리가 부처님께 말씀드렸습니다.

"세존이시여! 여래께서는 설하신 법이 없습니다."

"수보리여! 그대 생각은 어떠한가? 삼천대천세계를 이루고 있는 티끌이 많다고 하겠는가?"

수보리가 대답하였습니다.

"매우 많습니다, 세존이시여!"

"수보리여! 여래는 티끌들을 티끌이 아니라고 설하였으므로 티끌이라 말한다. 여래는 세계를 세계가 아니라고 설하였으므로 세계라고 말한다. 수보리여! 그대 생각은 어떠한가? 서른두 가지 신체적 특징을 가지고 여래라고 볼 수 있는가?"

見如來不　不也世尊　不可以三十二相
견여래부　불야세존　불가이삼십이상

得見如來　何以故　如來說三十二相
득견여래　하이고　여래설삼십이상

卽是非相　是名三十二相　須菩提　若
즉시비상　시명삼십이상　수보리　약

有善男子善女人　以恒河沙等身命布
유선남자선여인　이항하사등신명보

施　若復有人　於此經中　乃至受持四
시　약부유인　어차경중　내지수지사

句偈等　爲他人說　其福甚多
구게등　위타인설　기복심다

十四.
離相寂滅分
이상적멸분

爾時　須菩提　聞說是經　深解義趣　涕
이시　수보리　문설시경　심해의취　체

涙悲泣　而白佛言　希有世尊　佛說如
루비읍　이백불언　희유세존　불설여

36

"없습니다, 세존이시여! 서른두 가지 신체적 특징을 가지고 여래라고 볼 수는 없습니다. 왜냐하면 여래께서는 서른두 가지 신체적 특징은 신체적 특징이 아니라고 설하셨으므로 서른두 가지 신체적 특징이라고 말씀하셨기 때문입니다."

"수보리여! 어떤 선남자 선여인이 항하의 모래 수만큼 목숨을 보시한다고 하자. 또 어떤 사람이 이 경의 사구게만이라도 받고 지니고 다른 사람을 위해 설해 준다고 하자. 그러면 이 복이 저 복보다 더욱 많으리라."

14. 관념을 떠난 열반

그때 수보리가 이 경 설하심을 듣고 뜻을 깊이 이해하여 감격의 눈물을 흘리며 부처님께 말씀드렸습니다.

是 甚 深 經 典　我 從 昔 來 所 得 慧 眼　未 曾
시 심 심 경 전　아 종 석 래 소 득 혜 안　미 증

得 聞 如 是 之 經　世 尊　若 復 有 人　得 聞
득 문 여 시 지 경　세 존　약 부 유 인　득 문

是 經　信 心 淸 淨　則 生 實 相　當 知 是 人
시 경　신 심 청 정　즉 생 실 상　당 지 시 인

成 就 第 一 希 有 功 德　世 尊　是 實 相 者
성 취 제 일 희 유 공 덕　세 존　시 실 상 자

則 是 非 相　是 故　如 來 說 名 實 相　世 尊
즉 시 비 상　시 고　여 래 설 명 실 상　세 존

我 今 得 聞 如 是 經 典　信 解 受 持　不 足 爲
아 금 득 문 여 시 경 전　신 해 수 지　부 족 위

難　若 當 來 世　後 五 百 歲　其 有 衆 生　得
난　약 당 래 세　후 오 백 세　기 유 중 생　득

聞 是 經　信 解 受 持　是 人 則 爲 第 一 希 有
문 시 경　신 해 수 지　시 인 즉 위 제 일 희 유

"경이롭습니다, 세존이시여! 제가 지금까지 얻은 혜안으로는 부처님께서 이같이 깊이 있는 경전 설하심을 들은 적이 없습니다. 세존이시여! 만일 어떤 사람이 이 경을 듣고 믿음이 청정해지면 바로 궁극적 지혜가 일어날 것이니, 이 사람은 가장 경이로운 공덕을 성취할 것임을 알아야 합니다.

세존이시여! 이 궁극적 지혜라는 것은 궁극적 지혜가 아닌 까닭에 여래께서는 궁극적 지혜라고 말씀하셨습니다. 세존이시여! 제가 지금 이 같은 경전을 듣고서 믿고 이해하고 받고 지니기는 어렵지 않습니다. 그러나 미래 오백년 뒤에도 어떤 중생이 이 경전을 듣고 믿고 이해하고 받고 지닌다면 이 사람은 가장 경이로울 것입니다.

왜냐하면 이 사람은 자아가 있다는 관념, 개아가 있다는 관념, 중생이 있다는 관념, 영혼이 있다

何 以 故　此 人　無 我 相 人 相 衆 生 相 壽 者
하이고　차인　무아상인상중생상수자

相　所 以 者 何　我 相 卽 是 非 相　人 相 衆
상　소이자하　아상즉시비상　인상중

生 相 壽 者 相 卽 是 非 相　何 以 故　離 一 切
생상수자상즉시비상　하이고　이일체

諸 相　則 名 諸 佛　佛 告 須 菩 提　如 是 如
제상　즉명제불　불고수보리　여시여

是　若 復 有 人　得 聞 是 經　不 驚 不 怖 不
시　약부유인　득문시경　불경불포불

畏　當 知 是 人　甚 爲 希 有　何 以 故　須 菩
외　당지시인　심위희유　하이고　수보

提　如 來 說 第 一 波 羅 蜜　非 第 一 波 羅 蜜
리　여래설제일바라밀　비제일바라밀

是 名 第 一 波 羅 蜜　須 菩 提　忍 辱 波 羅 蜜
시명제일바라밀　수보리　인욕바라밀

는 관념이 없기 때문입니다. 그것은 자아가 있다는 관념은 관념이 아니며, 개아가 있다는 관념, 중생이 있다는 관념, 영혼이 있다는 관념은 관념이 아닌 까닭입니다. 왜냐하면 모든 관념을 떠난 이를 부처님이라 말하기 때문입니다."

부처님께서 수보리에게 말씀하셨습니다.

"그렇다, 그렇다. 만일 어떤 사람이 이 경을 듣고 놀라지도 않고 무서워하지도 않고 두려워하지도 않는다면 이 사람은 매우 경이로운 줄 알아야 한다. 왜냐하면 수보리여! 여래는 최고의 바라밀을 최고의 바라밀이 아니라고 설하였으므로 최고의 바라밀이라 말하기 때문이다.

수보리여! 인욕바라밀을 여래는 인욕바라밀이 아니라고 설하였다. 왜냐하면 수보리여! 내가 옛적에 가리왕에게 온 몸을 마디마디 잘렸을 때, 나

如 來 說 非 忍 辱 波 羅 蜜　何 以 故　須 菩 提
여래설비인욕바라밀　하이고　수보리

如 我 昔 爲 歌 利 王　割 截 身 體　我 於 爾 時
여아석위가리왕　할절신체　아어이시

無 我 相　無 人 相　無 衆 生 相　無 壽 者 相
무아상　무인상　무중생상　무수자상

何 以 故　我 於 往 昔 節 節 支 解 時　若 有 我
하이고　아어왕석절절지해시　약유아

相 人 相 衆 生 相 壽 者 相　應 生 瞋 恨　須 菩
상인상중생상수자상　응생진한　수보

提　又 念 過 去 於 五 百 世　作 忍 辱 仙 人
리　우념과거어오백세　작인욕선인

於 爾 所 世　無 我 相　無 人 相　無 衆 生 相
어이소세　무아상　무인상　무중생상

無 壽 者 相　是 故　須 菩 提　菩 薩　應 離 一
무수자상　시고　수보리　보살　응리일

는 자아가 있다는 관념, 개아가 있다는 관념, 중생이 있다는 관념, 영혼이 있다는 관념이 없었기 때문이다.

왜냐하면 내가 옛날 마디마디 사지가 잘렸을 때, 자아가 있다는 관념, 개아가 있다는 관념, 중생이 있다는 관념, 영혼이 있다는 관념이 있었다면 성내고 원망하는 마음이 생겼을 것이기 때문이다.

수보리여! 여래는 과거 오백 생 동안 인욕수행자였는데 그때 자아가 있다는 관념이 없었고, 개아가 있다는 관념이 없었고, 중생이 있다는 관념이 없었고, 영혼이 있다는 관념이 없었다.

그러므로 수보리여! 보살은 모든 관념을 떠나 가장 높고 바른 깨달음의 마음을 내어야 한다.

형색에 집착 없이 마음을 내어야 하며 소리,

切相　發阿耨多羅三藐三菩提心　不
체상　발아누다라삼먁삼보리심　불

應住色生心　不應住聲香味觸法生心
응주색생심　불응주성향미촉법생심

應生無所住心　若心有住　則爲非住
응생무소주심　약심유주　즉위비주

是故　佛說菩薩　心不應住色布施　須
시고　불설보살　심불응주색보시　수

菩提　菩薩　爲利益一切衆生　應如是
보리　보살　위이익일체중생　응여시

布施　如來說一切諸相　卽是非相　又
보시　여래설일체제상　즉시비상　우

說一切衆生　則非衆生　須菩提　如來
설일체중생　즉비중생　수보리　여래

是眞語者　實語者　如語者　不誑語者
시진어자　실어자　여어자　불광어자

44

냄새, 맛, 감촉, 마음의 대상에도 집착 없이 마음을 내어야 한다. 마땅히 집착 없이 마음을 내어야 한다. 마음에 집착이 있다면 그것은 올바른 삶이 아니다. 그러므로 보살은 형색에 집착 없는 마음으로 보시해야 한다고 여래는 설하였다.

수보리여! 보살은 모든 중생을 이롭게 하기 위해 이와 같이 보시해야 한다. 여래는 모든 중생이란 관념은 중생이란 관념이 아니라고 설하고, 또 모든 중생도 중생이 아니라고 설한다.

수보리여! 여래는 바른 말을 하는 이고, 참된 말을 하는 이며, 이치에 맞는 말을 하는 이고, 속임 없이 말하는 이며, 사실대로 말하는 이다. 수보리여! 여래가 얻은 법에는 진실도 없고 거짓도 없다.

수보리여! 보살이 대상에 집착하는 마음으로 보시하는 것은 마치 사람이 어둠 속에 들어가면

不異語者　須菩提　如來所得法　此法
불이어자　수보리　여래소득법　차법

無實無虛　須菩提　若菩薩　心住於法
무실무허　수보리　약보살　심주어법

而行布施　如人入闇　則無所見　若菩
이행보시　여인입암　즉무소견　약보

薩　心不住法　而行布施　如人有目　日
살　심부주법　이행보시　여인유목　일

光明照　見種種色　須菩提　當來之世
광명조　견종종색　수보리　당래지세

若有善男子善女人　能於此經　受持讀
약유선남자선여인　능어차경　수지독

誦　則爲如來　以佛智慧　悉知是人　悉
송　즉위여래　이불지혜　실지시인　실

見是人　皆得成就無量無邊功德
견시인　개득성취무량무변공덕

아무것도 볼 수 없는 것과 같고 보살이 대상에 집착하지 않는 마음으로 보시하는 것은 마치 눈 있는 사람에게 햇빛이 밝게 비치면 갖가지 모양을 볼 수 있는 것과 같다.

수보리여! 미래에 선남자 선여인이 이 경전을 받고 지니고 읽고 외운다면 여래는 부처의 지혜로 이 사람들이 모두 한량없는 공덕을 성취하게 될 것임을 다 알고 다 본다."

須菩提 若有善男子善女人 初日分
수보리 약유선남자선여인 초일분

以恒河沙等身布施 中日分 復以恒河
이항하사등신보시 중일분 부이항하

沙等身布施 後日分 亦以恒河沙等身
사등신보시 후일분 역이항하사등신

布施 如是無量百千萬億劫 以身布施
보시 여시무량백천만억겁 이신보시

若復有人 聞此經典 信心不逆 其福
약부유인 문차경전 신심불역 기복

勝彼 何況書寫受持讀誦 爲人解說
승피 하황서사수지독송 위인해설

須菩提 以要言之 是經 有不可思議
수보리 이요언지 시경 유불가사의

不可稱量無邊功德 如來爲發大乘者
불가칭량무변공덕 여래위발대승자

"수보리여! 선남자 선여인이 아침나절에 항하의 모래 수만큼 몸을 보시하고 점심나절에 항하의 모래 수만큼 몸을 보시하며 저녁나절에 항하의 모래 수만큼 몸을 보시하여, 이와 같이 한량없는 시간동안 몸을 보시한다고 하자.

또 어떤 사람이 이 경의 말씀을 듣고 비방하지 않고 믿는다고 하자. 그러면 이 복은 저 복보다 더 뛰어나다. 하물며 이 경전을 베껴 쓰고 받고 지니고 읽고 외우고 다른 이를 위해 설명해 줌이랴!

수보리여! 간단하게 말하면 이 경에는 생각할 수도 없고 헤아릴 수도 없는 한없는 공덕이 있다. 여래는 대승에 나아가는 이를 위해 설하며 최상승에 나아가는 이를 위해 설한다.

어떤 사람이 이 경을 받고 지니고 읽고 외워 널리 다른 사람을 위해 설해 준다면 여래는 이 사람

說　爲發最上乘者說　若有人　能受持
설　위발최상승자설　약유인　능수지

讀誦　廣爲人說　如來悉知是人　悉見
독송　광위인설　여래실지시인　실견

是人　皆得成就不可量不可稱無有邊
시인　개득성취불가량불가칭무유변

不可思議功德　如是人等　則爲荷擔如
불가사의공덕　여시인등　즉위하담여

來阿耨多羅三藐三菩提　何以故　須
래아누다라삼먁삼보리　하이고　수

菩提　若樂小法者　着我見人見衆生見
보리　약요소법자　착아견인견중생견

壽者見　則於此經　不能聽受讀誦　爲
수자견　즉어차경　불능청수독송　위

人解說　須菩提　在在處處　若有此經
인해설　수보리　재재처처　약유차경

들이 헤아릴 수 없고 말할 수 없으며 한없고 생각할 수 없는 공덕을 성취할 것임을 다 알고 다 본다. 이와 같은 사람들은 여래의 가장 높고 바른 깨달음을 감당하게 될 것이다.

왜냐하면 수보리여! 소승법을 좋아하는 자가 자아가 있다는 견해, 개아가 있다는 견해, 중생이 있다는 견해, 영혼이 있다는 견해에 집착한다면 이 경을 듣고 받고 읽고 외우며 다른 사람을 위해 설명해 주지 못하기 때문이다.

수보리여! 이 경전이 있는 곳은 어디든지 모든 세상의 천신·인간·아수라들에게 공양을 받을 것이다. 이곳은 바로 탑이 되리니 모두가 공경하고 예배하고 돌면서 그곳에 여러 가지 꽃과 향을 뿌릴 것임을 알아야 한다."

一切世間天人阿修羅 所應供養 當
일체세간천인아수라 소응공양 당

知此處 則爲是塔 皆應恭敬 作禮圍
지차처 즉위시탑 개응공경 작례위

繞 以諸華香 而散其處
요 이제화향 이산기처

復次 須菩提 善男子善女人 受持讀
부차 수보리 선남자선여인 수지독

誦此經 若爲人輕賤 是人 先世罪業
송차경 약위인경천 시인 선세죄업

應墮惡道 以今世人輕賤故 先世罪業
응타악도 이금세인경천고 선세죄업

則爲消滅 當得阿耨多羅三藐三菩提
즉위소멸 당득아누다라삼먁삼보리

須菩提 我念過去無量阿僧祇劫 於然
수보리 아념과거무량아승기겁 어연

52

"또한 수보리여! 이 경을 받고 지니고 읽고 외우는 선남자 선여인이 남에게 천대와 멸시를 당한다면 이 사람이 전생에 지은 죄업으로는 악도에 떨어져야 마땅하겠지만, 금생에 다른 사람의 천대와 멸시를 받았기 때문에 전생의 죄업이 소멸되고 반드시 가장 높고 바른 깨달음을 얻게 될 것이다.

수보리여! 나는 연등부처님을 만나기 전 과거 한량없는 아승기겁 동안 팔백 사천 만억 나유타의

燈佛前　得値八百四千萬億那由他諸
등불전　득치팔백사천만억나유타제

佛　悉皆供養承事　無空過者　若復有
불　실개공양승사　무공과자　약부유

人　於後末世　能受持讀誦此經　所得
인　어후말세　능수지독송차경　소득

功德　於我所供養諸佛功德　百分不及
공덕　어아소공양제불공덕　백분불급

一　千萬億分　乃至算數譬喻　所不能
일　천만억분　내지산수비유　소불능

及　須菩提　若善男子善女人　於後末
급　수보리　약선남자선여인　어후말

世　有受持讀誦此經　所得功德　我若
세　유수지독송차경　소득공덕　아약

具說者　或有人聞　心則狂亂　狐疑不
구설자　혹유인문　심즉광란　호의불

여러 부처님을 만나 모두 공양하고 받들어 섬기며 그냥 지나친 적이 없었음을 기억한다.

만일 어떤 사람이 정법이 쇠퇴할 때 이 경을 잘 받고 지니고 읽고 외워서 얻은 공덕에 비하면, 내가 여러 부처님께 공양한 공덕은 백에 하나에도 미치지 못하고 천에 하나 만에 하나 억에 하나에도 미치지 못하며 더 나아가서 어떤 셈이나 비유로도 미치지 못한다.

수보리여! 선남자 선여인이 정법이 쇠퇴할 때 이 경을 받고 지니고 읽고 외워서 얻는 공덕을 내가 자세히 말한다면, 아마도 이 말을 듣는 이는 마음이 어지러워서 의심하고 믿지 않을 것이다. 수보리여! 이 경은 뜻이 불가사의하며 그 과보도 불가사의함을 알아야 한다."

信 須菩提 當知 是經義 不可思議 果
신 수보리 당지 시경의 불가사의 과

報亦不可思議
보역불가사의

爾時 須菩提白佛言 世尊 善男子善
이시 수보리백불언 세존 선남자선

女人 發阿耨多羅三藐三菩提心 云
여인 발아누다라삼먁삼보리심 운

何應住 云何降伏其心 佛告須菩提
하응주 운하항복기심 불고수보리

善男子善女人 發阿耨多羅三藐三菩
선남자선여인 발아누다라삼먁삼보

提者 當生如是心 我應滅度一切衆生
리자 당생여시심 아응멸도일체중생

滅度一切衆生已 而無有一衆生實滅
멸도일체중생이 이무유일중생실멸

그때 수보리가 부처님께 여쭈었습니다.

"세존이시여! 가장 높고 바른 깨달음을 얻고자
하는 선남자 선여인은 어떻게 살아야 하며 어떻
게 그 마음을 다스려야 합니까?"

부처님께서 수보리에게 말씀하셨습니다.

"가장 높고 바른 깨달음을 얻고자 하는 선남자
선여인은 이러한 마음을 일으켜야 한다. '나는 일
체 중생을 열반에 들게 하리라. 일체 중생을 열반
에 들게 하였지만 실제로는 아무도 열반을 얻은
중생이 없다.'

왜냐하면 수보리여! 보살에게 자아가 있다는 관

57

度者 何以故 須菩提 若菩薩 有我相
도자 하이고 수보리 약보살 유아상

人相衆生相壽者相 則非菩薩 所以者
인상중생상수자상 즉비보살 소이자

何 須菩提 實無有法 發阿耨多羅三
하 수보리 실무유법 발아누다라삼

藐三菩提者 須菩提 於意云何 如來
먁삼보리자 수보리 어의운하 여래

於然燈佛所 有法得阿耨多羅三藐三
어연등불소 유법득아누다라삼먁삼

菩提不 不也世尊 如我解佛所說義
보리부 불야세존 여아해불소설의

佛於然燈佛所 無有法得阿耨多羅三
불어연등불소 무유법득아누다라삼

藐三菩提 佛言 如是如是 須菩提 實
먁삼보리 불언 여시여시 수보리 실

념, 개아가 있다는 관념, 중생이 있다는 관념, 영혼이 있다는 관념이 있다면 보살이 아니기 때문이다. 그것은 수보리여! 가장 높고 바른 깨달음에 나아가는 자라 할 법이 실제로 없는 까닭이다.

수보리여! 그대 생각은 어떠한가? 여래가 연등부처님 처소에서 얻은 가장 높고 바른 깨달음이라 할 법이 있었는가?"

"아닙니다, 세존이시여! 제가 부처님께서 말씀하신 뜻을 이해하기로는 부처님께서 연등부처님 처소에서 얻으신 가장 높고 바른 깨달음이라 할 법이 없습니다."

부처님께서 말씀하셨습니다.

"그렇다, 그렇다. 수보리여! 여래가 가장 높고 바른 깨달음을 얻은 법이 실제로 없다. 수보리여! 여래가 가장 높고 바른 깨달음을 얻은 법이 있었

無 有 法 如 來 得 阿 耨 多 羅 三 藐 三 菩 提
무 유 법 여 래 득 아 누 다 라 삼 먁 삼 보 리

須 菩 提　若 有 法 如 來 得 阿 耨 多 羅 三 藐
수 보 리　약 유 법 여 래 득 아 누 다 라 삼 먁

三 菩 提 者　然 燈 佛　則 不 與 我 受 記　汝
삼 보 리 자　연 등 불　즉 불 여 아 수 기　여

於 來 世　當 得 作 佛　號 釋 迦 牟 尼　以 實
어 래 세　당 득 작 불　호 석 가 모 니　이 실

無 有 法 得 阿 耨 多 羅 三 藐 三 菩 提　是 故
무 유 법 득 아 누 다 라 삼 먁 삼 보 리　시 고

然 燈 佛　與 我 受 記　作 是 言　汝 於 來 世
연 등 불　여 아 수 기　작 시 언　여 어 래 세

當 得 作 佛　號 釋 迦 牟 尼　何 以 故　如 來
당 득 작 불　호 석 가 모 니　하 이 고　여 래

者　卽 諸 法 如 義　若 有 人 言　如 來 得 阿
자　즉 제 법 여 의　약 유 인 언　여 래 득 아

다면 연등부처님께서 내게 '그대는 내세에 석가모니라는 이름의 부처가 될 것이다.'라고 수기하지 않았을 것이다. 가장 높고 바른 깨달음을 얻은 법이 실제로 없었으므로 연등부처님께서 내게 '그대는 내세에는 반드시 석가모니라는 이름의 부처가 될 것이다.'라고 수기하셨던 것이다. 왜냐하면 여래는 모든 존재의 진실한 모습을 의미하기 때문이다.

어떤 사람이 여래가 가장 높고 바른 깨달음을 얻었다고 말한다면, 수보리여! 여래가 가장 높고 바른 깨달음을 얻은 법이 실제로 없다. 수보리여! 여래가 얻은 가장 높고 바른 깨달음에는 진실도 없고 거짓도 없다. 그러므로 여래는 '일체법이 모두 불법이다.'라고 설한다.

수보리여! 일체법이라 말한 것은 일체법이 아닌

耨多羅三藐三菩提　須菩提　實無有
누다라삼먁삼보리　수보리　실무유

法佛得阿耨多羅三藐三菩提　須菩提
법불득아누다라삼먁삼보리　수보리

如來所得阿耨多羅三藐三菩提　於是
여래소득아누다라삼먁삼보리　어시

中　無實無虛　是故　如來說　一切法　皆
중　무실무허　시고　여래설　일체법　개

是佛法　須菩提　所言一切法者　卽非
시불법　수보리　소언일체법자　즉비

一切法　是故　名一切法　須菩提　譬如
일체법　시고　명일체법　수보리　비여

人身長大　須菩提言　世尊　如來說人
인신장대　수보리언　세존　여래설인

身長大　則爲非大身　是名大身　須菩
신장대　즉위비대신　시명대신　수보

까닭에 일체법이라 말한다. 수보리여! 예컨대 사람의 몸이 매우 큰 것과 같다."

수보리가 말하였습니다.

"세존이시여! 여래께서 사람의 몸이 매우 크다는 것은 큰 몸이 아니라고 설하셨으므로 큰 몸이라 말씀하셨습니다."

"수보리여! 보살도 역시 그러하다. '나는 반드시 한량없는 중생을 제도하리라.' 말한다면 보살이라 할 수 없다. 왜냐하면 수보리여! 보살이라 할 만한 법이 실제로 없기 때문이다. 그러므로 여래는 모든 법에 자아도 없고, 개아도 없고, 중생도 없고, 영혼도 없다고 설한 것이다.

수보리여! 보살이 '나는 반드시 불국토를 장엄하리라.' 말한다면 이는 보살이라 할 수 없다. 왜냐하면 여래는 불국토를 장엄한다는 것은 장엄하

提　菩薩亦如是　若作是言　我當滅度
리　보살역여시　약작시언　아당멸도

無量衆生　則不名菩薩　何以故　須菩
무량중생　즉불명보살　하이고　수보

提　實無有法名爲菩薩　是故　佛說一
리　실무유법명위보살　시고　불설일

切法　無我無人無衆生無壽者　須菩提
체법　무아무인무중생무수자　수보리

若菩薩作是言　我當莊嚴佛土　是不名
약보살작시언　아당장엄불토　시불명

菩薩　何以故　如來說莊嚴佛土者　即
보살　하이고　여래설장엄불토자　즉

非莊嚴　是名莊嚴　須菩提　若菩薩　通
비장엄　시명장엄　수보리　약보살　통

達無我法者　如來說名眞是菩薩
달무아법자　여래설명진시보살

는 것이 아니라고 설하였으므로 장엄한다고 말하기 때문이다.

수보리여! 보살이 무아의 법에 통달한다면 여래는 이런 이를 진정한 보살이라 부른다.”

須菩提　於意云何　如來有肉眼不　如
수보리　어의운하　여래유육안부　여

是世尊　如來有肉眼　須菩提　於意云
시세존　여래유육안　수보리　어의운

何　如來有天眼不　如是世尊　如來有
하　여래유천안부　여시세존　여래유

天眼　須菩提　於意云何　如來有慧眼
천안　수보리　어의운하　여래유혜안

不　如是世尊　如來有慧眼　須菩提　於
부　여시세존　여래유혜안　수보리　어

意云何　如來有法眼不　如是世尊　如
의운하　여래유법안부　여시세존　여

來有法眼　須菩提　於意云何　如來有
래유법안　수보리　어의운하　여래유

佛眼不　如是世尊　如來有佛眼　須菩
불안부　여시세존　여래유불안　수보

"수보리여! 그대 생각은 어떠한가? 여래에게 육안이 있는가?"

"그렇습니다, 세존이시여! 여래에게는 육안이 있습니다."

"수보리여! 그대 생각은 어떠한가? 여래에게 천안이 있는가?"

"그렇습니다, 세존이시여! 여래에게는 천안이 있습니다."

"수보리여! 그대 생각은 어떠한가? 여래에게 혜안이 있는가?"

"그렇습니다, 세존이시여! 여래에게는 혜안이 있습니다."

"수보리여! 그대 생각은 어떠한가? 여래에게 법안이 있는가?"

"그렇습니다, 세존이시여! 여래에게는 법안이 있습니다."

提　於意云何　如恒河中所有沙　佛說
리　어의운하　여항하중소유사　불설

是沙不　如是世尊　如來說是沙　須菩
시사부　여시세존　여래설시사　수보

提　於意云何　如一恒河中所有沙　有
리　어의운하　여일항하중소유사　유

如是等恒河　是諸恒河所有沙數佛世
여시등항하　시제항하소유사수불세

界　如是寧爲多不　甚多世尊　佛告須
계　여시영위다부　심다세존　불고수

菩提　爾所國土中　所有衆生　若干種
보리　이소국토중　소유중생　약간종

心　如來悉知　何以故　如來說諸心　皆
심　여래실지　하이고　여래설제심　개

爲非心　是名爲心　所以者何　須菩提
위비심　시명위심　소이자하　수보리

"수보리여! 그대 생각은 어떠한가? 여래에게 불안이 있는가?"

"그렇습니다, 세존이시여! 여래에게는 불안이 있습니다."

"수보리여! 그대 생각은 어떠한가? 여래는 항하의 모래에 대해서 설하였는가?"

"그렇습니다, 세존이시여! 여래는 이 모래에 대해 설하셨습니다."

"수보리여! 그대 생각은 어떠한가? 한 항하의 모래와 같이 이런 모래만큼의 항하가 있고 이 여러 항하의 모래 수만큼 부처님 세계가 그만큼 있다면 진정 많다고 하겠는가?"

"매우 많습니다, 세존이시여!"

부처님께서 수보리에게 말씀하셨습니다.

"그 국토에 있는 중생의 여러 가지 마음을 여래는 다 안다. 왜냐하면 여래는 여러 가지 마음이 모

過去心不可得　現在心不可得　未來心
과거심불가득　현재심불가득　미래심

不可得
불가득

須菩提　於意云何　若有人　滿三千大
수보리　어의운하　약유인　만삼천대

千世界七寶　以用布施　是人　以是因
천세계칠보　이용보시　시인　이시인

緣　得福多不　如是世尊　此人　以是因
연　득복다부　여시세존　차인　이시인

緣　得福甚多　須菩提　若福德有實　如
연　득복심다　수보리　약복덕유실　여

來不說得福德多　以福德無故　如來說
래불설득복덕다　이복덕무고　여래설

得福德多
득복덕다

두 다 마음이 아니라 설하였으므로 마음이라 말하기 때문이다. 그것은 수보리여! 과거의 마음도 얻을 수 없고 현재의 마음도 얻을 수 없고 미래의 마음도 얻을 수 없는 까닭이다."

19. 복덕아닌 복덕

"수보리여! 그대 생각은 어떠한가? 어떤 사람이 삼천대천세계에 칠보를 가득 채워 보시한다면 이 사람이 이러한 인연으로 많은 복덕을 얻겠는가?"

"그렇습니다, 세존이시여! 그 사람이 이러한 인연으로 매우 많은 복덕을 얻을 것입니다."

"수보리여! 복덕이 실로 있는 것이라면 여래는 많은 복덕을 얻는다고 말하지 않았을 것이다. 복덕이 없기 때문에 여래는 많은 복덕을 얻는다고 말한 것이다."

須菩提　於意云何　佛可以具足色身見
수보리　어의운하　불가이구족색신견

不　不也世尊　如來不應以具足色身見
부　불야세존　여래불응이구족색신견

何以故　如來說具足色身　即非具足色
하이고　여래설구족색신　즉비구족색

身　是名具足色身　須菩提　於意云何
신　시명구족색신　수보리　어의운하

如來可以具足諸相見不　不也世尊　如
여래가이구족제상견부　불야세존　여

來不應以具足諸相見　何以故　如來說
래불응이구족제상견　하이고　여래설

諸相具足　即非具足　是名諸相具足
제상구족　즉비구족　시명제상구족

"수보리여! 그대 생각은 어떠한가? 신체적 특징을 원만하게 갖추었다고 여래라고 볼 수 있겠는가?"

"아닙니다, 세존이시여! 신체적 특징을 원만하게 갖추었다고 여래라고 볼 수는 없습니다. 왜냐하면 여래께서는 원만한 신체를 갖춘다는 것은 원만한 신체를 갖춘 것이 아니라고 설하셨으므로 원만한 신체를 갖춘 것이라고 말씀하셨기 때문입니다."

"수보리여! 그대 생각은 어떠한가? 신체적 특징을 갖추었다고 여래라고 볼 수 있겠는가?"

"아닙니다, 세존이시여! 신체적 특징을 갖추었다고 여래라고 볼 수는 없습니다. 왜냐하면 여래께서는 신체적 특징을 갖춘다는 것이 신체적 특징을 갖춘 것이 아니라고 설하셨으므로 신체적 특징을 갖춘 것이라고 말씀하셨기 때문입니다."

須菩提 汝勿謂如來作是念 我當有所
수보리 여물위여래작시념 아당유소

說法 莫作是念 何以故 若人言 如來
설법 막작시념 하이고 약인언 여래

有所說法 卽爲謗佛 不能解我所說故
유소설법 즉위방불 불능해아소설고

須菩提 說法者 無法可說 是名說法
수보리 설법자 무법가설 시명설법

爾時 慧命須菩提 白佛言 世尊 頗有
이시 혜명수보리 백불언 세존 파유

衆生 於未來世 聞說是法 生信心不
중생 어미래세 문설시법 생신심부

佛言 須菩提 彼非衆生 非不衆生 何
불언 수보리 피비중생 비불중생 하

以故 須菩提 衆生衆生者 如來說非
이고 수보리 중생중생자 여래설비

"수보리여! 그대는 여래가 '나는 설한 법이 있다.'는 생각을 한다고 말하지 말라. 이런 생각을 하지 말라. 왜냐하면 '여래께서 설하신 법이 있다.'고 말한다면, 이 사람은 여래를 비방하는 것이니, 내가 설한 것을 이해하지 못했기 때문이다. 수보리여! 설법이라는 것은 설할 만한 법이 없는 것이므로 설법이라고 말한다."

그때 수보리 장로가 부처님께 여쭈었습니다.

"세존이시여! 미래에 이 법 설하심을 듣고 신심을 낼 중생이 조금이라도 있겠습니까?"

부처님께서 말씀하셨습니다.

"수보리여! 저들은 중생이 아니요 중생이 아닌 것도 아니다. 왜냐하면 수보리여! 중생 중생이라 하는 것은 여래가 중생이 아니라고 설하였으므로 중생이라 말하기 때문이다."

衆生 是名衆生
중생 시명중생

須菩提白佛言 世尊 佛得阿耨多羅三
수보리백불언 세존 불득아누다라삼

藐三菩提 爲無所得耶 佛言 如是如
먁삼보리 위무소득야 불언 여시여

是 須菩提 我於阿耨多羅三藐三菩提
시 수보리 아어아누다라삼먁삼보리

乃至無有少法可得 是名阿耨多羅三
내지무유소법가득 시명아누다라삼

藐三菩提
먁삼보리

復次 須菩提 是法平等 無有高下 是
부차 수보리 시법평등 무유고하 시

수보리가 부처님께 여쭈었습니다.

"세존이시여! 부처님께서 가장 높고 바른 깨달음을 얻은 것은 법이 없는 것입니까?"

부처님께서 말씀하셨습니다.

"그렇다, 그렇다. 수보리여! 내가 가장 높고 바른 깨달음에서 조그마한 법조차도 얻을 만한 것이 없었으므로 가장 높고 바른 깨달음이라 말한다."

"또한 수보리여! 이 법은 평등하여 높고 낮은 것이 없으니, 이것을 가장 높고 바른 깨달음이라 말한다. 자아도 없고, 개아도 없고, 중생도 없고,

名阿耨多羅三藐三菩提　以無我無人
명아누다라삼먁삼보리　이무아무인

無衆生無壽者　修一切善法　則得阿耨
무중생무수자　수일체선법　즉득아누

多羅三藐三菩提　須菩提　所言善法者
다라삼먁삼보리　수보리　소언선법자

如來說　卽非善法　是名善法
여래설　즉비선법　시명선법

二十四.
福智無比分
복지무비분

須菩提　若三千大千世界中　所有諸須
수보리　약삼천대천세계중　소유제수

彌山王　如是等七寶聚　有人　持用布
미산왕　여시등칠보취　유인　지용보

施　若人　以此般若波羅蜜經　乃至四
시　약인　이차반야바라밀경　내지사

句偈等　受持讀誦　爲他人說　於前福
구게등　수지독송　위타인설　어전복

영혼도 없이 온갖 선법을 닦음으로써 가장 높고 바른 깨달음을 얻게 된다. 수보리여! 선법이라는 것은 선법이 아니라고 여래는 설하였으므로 선법이라 말한다."

24. 경전 수지가 최고의 복덕

"수보리여! 삼천대천세계에 있는 산들의 왕 수미산만큼의 칠보 무더기를 가지고 보시하는 사람이 있다고 하자. 또 이 반야바라밀경의 사구게만이라도 받고 지니고 읽고 외워 다른 사람을 위해 설해 주는 사람이 있다고 하자. 그러면 앞의 복덕은 뒤의 복덕에 비해 백에 하나에도 미치지 못하고 천에 하나 만에 하나 억에 하나에도 미치지 못

德 百分不及一 百千萬億分 乃至算
덕 백분불급일 백천만억분 내지산

數譬喩 所不能及
수비유 소불능급

須菩提 於意云何 汝等勿謂如來作是
수보리 어의운하 여등물위여래작시

念 我當度衆生 須菩提 莫作是念 何
념 아당도중생 수보리 막작시념 하

以故 實無有衆生如來度者 若有衆生
이고 실무유중생여래도자 약유중생

如來度者 如來則有我人衆生壽者 須
여래도자 여래즉유아인중생수자 수

菩提 如來說 有我者 則非有我 而凡
보리 여래설 유아자 즉비유아 이범

夫之人 以爲有我 須菩提 凡夫者 如
부지인 이위유아 수보리 범부자 여

하며 더 나아가서 어떤 셈이나 비유로도 미치지 못한다."

25. 분별없는 교화

"수보리여! 그대 생각은 어떠한가? 그대들은 여래가 '나는 중생을 제도하리라.'는 생각을 한다고 말하지 말라. 수보리여! 이런 생각을 하지 말라.

왜냐하면 여래가 제도한 중생이 실제로 없기 때문이다. 만일 여래가 제도한 중생이 있다면, 여래에게도 자아·개아·중생·영혼이 있다는 집착이 있는 것이다.

수보리여! 자아가 있다는 집착은 자아가 있다는 집착이 아니라고 여래는 설하였다. 그렇지만 범부들이 자아가 있다고 집착한다. 수보리여! 범부

來說則非凡夫
래설즉비범부

須菩提 於意云何 可以三十二相 觀
수보리 어의운하 가이삼십이상 관

如來不 須菩提言 如是如是 以三十
여래부 수보리언 여시여시 이삼십

二相 觀如來 佛言 須菩提 若以三十
이상 관여래 불언 수보리 약이삼십

二相 觀如來者 轉輪聖王 則是如來
이상 관여래자 전륜성왕 즉시여래

須菩提白佛言 世尊 如我解佛所說義
수보리백불언 세존 여아해불소설의

不應以三十二相 觀如來 爾時世尊
불응이삼십이상 관여래 이시세존

而說偈言
이설게언

라는 것도 여래는 범부가 아니라고 설하였다."

"수보리여! 그대 생각은 어떠한가? 서른두 가지 신체적 특징으로 여래라고 볼 수 있는가?"

수보리가 대답하였습니다.

"그렇습니다, 그렇습니다. 서른두 가지 신체적 특징으로도 여래라고 볼 수 있습니다."

부처님께서 말씀하셨습니다.

"수보리여! 서른두 가지 신체적 특징으로도 여래라고 볼 수 있다면 전륜성왕도 여래겠구나!"

수보리가 부처님께 말씀드렸습니다.

"세존이시여! 제가 부처님께서 말씀하신 뜻을 이해하기로는, 서른두 가지 신체적 특징을 가지고는 여래를 볼 수 없습니다."

그때 세존께서 게송으로 말씀하셨습니다.

若以色見我 以音聲求我 是人行邪道
약이색견아 이음성구아 시인행사도

不能見如來
불능견여래

須菩提 汝若作是念 如來不以具足相
수보리 여약작시념 여래불이구족상

故 得阿耨多羅三藐三菩提 須菩提
고 득아누다라삼먁삼보리 수보리

莫作是念 如來不以具足相故 得阿耨
막작시념 여래불이구족상고 득아누

多羅三藐三菩提 須菩提 汝若作是念
다라삼먁삼보리 수보리 여약작시념

發阿耨多羅三藐三菩提者 說諸法斷
발아누다라삼먁삼보리자 설제법단

滅相 莫作是念 何以故 發阿耨多羅
멸상 막작시념 하이고 발아누다라

84

"형색으로 나를 보거나　음성으로 나를 찾으면

삿된 길 걸을 뿐　　　여래 볼 수 없으리."

27. 단절과 소멸
의 초월

"수보리여! 그대가 '여래는 신체적 특징을 원만
하게 갖추지 않았기 때문에 가장 높고 바른 깨달
음을 얻은 것이다.'라고 생각한다면, 수보리여!
'여래는 신체적 특징을 원만하게 갖추지 않았기
때문에 가장 높고 바른 깨달음을 얻은 것이다.'라
고 생각하지 말라.

수보리여! 그대가 '가장 높고 바른 깨달음의 마
음을 낸 자는 모든 법이 단절되고 소멸되어 버림
을 주장한다.'고 생각한다면, 이런 생각을 하지
말라. 왜냐하면 가장 높고 바른 깨달음의 마음을
낸 자는 법에 대하여 단절되고 소멸된다는 관념

三藐三菩提心者 於法 不說斷滅相
삼먁삼보리심자 어법 불설단멸상

須菩提 若菩薩 以滿恒河沙等世界七
수보리 약보살 이만항하사등세계칠

寶 持用布施 若復有人 知一切法無
보 지용보시 약부유인 지일체법무

我 得成於忍 此菩薩 勝前菩薩所得
아 득성어인 차보살 승전보살소득

功德 須菩提 以諸菩薩 不受福德故
공덕 수보리 이제보살 불수복덕고

須菩提白佛言 世尊 云何菩薩 不受
수보리백불언 세존 운하보살 불수

福德 須菩提 菩薩 所作福德 不應貪
복덕 수보리 보살 소작복덕 불응탐

着 是故 說不受福德
착 시고 설불수복덕

86

을 말하지 않기 때문이다."

"수보리여! 보살이 항하의 모래 수만큼 세계에 칠보를 가득 채워 보시한다고 하자. 또 어떤 사람이 모든 법이 무아임을 알아 인욕을 성취한다고 하자. 그러면 이 보살의 공덕은 앞의 보살이 얻은 공덕보다 더 뛰어나다. 수보리여! 모든 보살들은 복덕을 누리지 않기 때문이다."

수보리가 부처님께 여쭈었습니다.

"세존이시여! 어찌하여 보살이 복덕을 누리지 않습니까?"

"수보리여! 보살은 지은 복덕에 탐욕을 내거나 집착하지 않아야 하기 때문에 복덕을 누리지 않는다고 설한 것이다."

28. 탐착 없는 복덕

87

須菩提　若有人言　如來若來若去若坐
수보리　약유인언　여래약래약거약좌

若臥　是人　不解我所說義　何以故　如
약와　시인　불해아소설의　하이고　여

來者　無所從來　亦無所去　故名如來
래자　무소종래　역무소거　고명여래

須菩提　若善男子善女人　以三千大千
수보리　약선남자선여인　이삼천대천

世界　碎爲微塵　於意云何　是微塵衆
세계　쇄위미진　어의운하　시미진중

寧爲多不　甚多世尊　何以故　若是微
영위다부　심다세존　하이고　약시미

塵衆　實有者　佛則不說是微塵衆　所
진중　실유자　불즉불설시미진중　소

以者何　佛說微塵衆　則非微塵衆　是
이자하　불설미진중　즉비미진중　시

"수보리여! 어떤 사람이 '여래는 오기도 하고 가기도 하며 앉기도 하고 눕기도 한다.'고 말한다면, 그 사람은 내가 설한 뜻을 이해하지 못한 것이다. 왜냐하면 여래란 오는 것도 없고 가는 것도 없으므로 여래라고 말하기 때문이다."

29. 오고감이 없는 여래

"수보리여! 선남자 선여인이 삼천대천세계를 부수어 가는 티끌을 만든다면, 그대 생각은 어떠한가? 이 티끌들이 진정 많겠는가?"

30. 부분과 전체의 참모습

"매우 많습니다, 세존이시여! 왜냐하면 티끌들이 실제로 있는 것이라면 여래께서는 티끌들이라고 말씀하지 않으셨을 것이기 때문입니다. 그것은 여래께서 티끌들은 티끌들이 아니라고 설하셨으므로 티끌들이라고 말씀하신 까닭입니다.

세존이시여! 여래께서 말씀하신 삼천대천세계

名微塵衆　世尊　如來所說三千大千世
명미진중　세존　여래소설삼천대천세

界　則非世界　是名世界　何以故　若世
계　즉비세계　시명세계　하이고　약세

界　實有者　則是一合相　如來說一合
계　실유자　즉시일합상　여래설일합

相　則非一合相　是名一合相　須菩提
상　즉비일합상　시명일합상　수보리

一合相者　則是不可說　但凡夫之人
일합상자　즉시불가설　단범부지인

貪着其事
탐착기사

須菩提　若人言　佛說我見人見衆生見
수보리　약인언　불설아견인견중생견

壽者見　須菩提　於意云何　是人　解我
수자견　수보리　어의운하　시인　해아

는 세계가 아니므로 세계라 말씀하십니다. 왜냐하면 세계가 실제로 있는 것이라면 한 덩어리로 뭉쳐진 것이겠지만, 여래께서 한 덩어리로 뭉쳐진 것은 한 덩어리로 뭉쳐진 것이 아니라고 설하셨으므로 한 덩어리로 뭉쳐진 것이라 말씀하셨기 때문입니다.”

“수보리여! 한 덩어리로 뭉쳐진 것은 말할 수가 없는 것인데 범부들이 그것을 탐내고 집착할 따름이다.”

“수보리여! 어떤 사람이 여래가 '자아가 있다는 견해, 개아가 있다는 견해, 중생이 있다는 견해, 영혼이 있다는 견해를 설했다.'고 말한다면, 수보

所說義不　不也世尊　是人　不解如來
소설의부　불야세존　시인　불해여래

所說義　何以故　世尊說我見人見衆生
소설의　하이고　세존설아견인견중생

見壽者見　卽非我見人見衆生見壽者
견수자견　즉비아견인견중생견수자

見　是名我見人見衆生見壽者見　須菩
견　시명아견인견중생견수자견　수보

提　發阿耨多羅三藐三菩提心者　於
리　발아누다라삼먁삼보리심자　어

一切法　應如是知　如是見　如是信解
일체법　응여시지　여시견　여시신해

不生法相　須菩提　所言法相者　如來
불생법상　수보리　소언법상자　여래

說卽非法相　是名法相
설즉비법상　시명법상

리여! 그대 생각은 어떠한가? 이 사람이 내가 설한 뜻을 알았다 하겠는가?"

"아닙니다, 세존이시여! 그 사람은 여래께서 설한 뜻을 알지 못한 것입니다. 왜냐하면 세존께서는 자아가 있다는 견해, 개아가 있다는 견해, 중생이 있다는 견해, 영혼이 있다는 견해가 자아가 있다는 견해, 개아가 있다는 견해, 중생이 있다는 견해, 영혼이 있다는 견해가 아니라고 설하셨으므로 자아가 있다는 견해, 개아가 있다는 견해, 중생이 있다는 견해, 영혼이 있다는 견해라고 말씀하셨기 때문입니다."

"수보리여! 가장 높고 바른 깨달음을 얻고자 하는 이는 일체법에 대하여 이와 같이 알고, 이와 같이 보며, 이와 같이 믿고 이해하여 법이라는 관념을 내지 않아야 한다. 수보리여! 법이라는 관념은 법이라는 관념이 아니라고 여래는 설하였으므로 법이라는 관념이라 말한다."

須菩提　若有人　以滿無量阿僧祇世界
수보리　약유인　이만무량아승기세계

七寶　持用布施　若有善男子善女人　發
칠보　지용보시　약유선남자선여인　발

菩薩心者　持於此經　乃至四句偈等　受
보살심자　지어차경　내지사구게등　수

持讀誦　爲人演說　其福勝彼　云何爲
지독송　위인연설　기복승피　운하위

人演說　不取於相　如如不動　何以故
인연설　불취어상　여여부동　하이고

一切有爲法　如夢幻泡影　如露亦如電
일체유위법　여몽환포영　여로역여전

應作如是觀
응작여시관

佛說是經已　長老須菩提　及諸比丘比
불설시경이　장로수보리　급제비구비

"수보리여! 어떤 사람이 한량없는 아승기 세계에 칠보를 가득 채워 보시한다고 하자. 또 보살의 마음을 낸 어떤 선남자 선여인이 이 경을 지니되 사구게만이라도 받고 지니고 읽고 외워 다른 사람을 위해 연설해 준다고 하자. 그러면 이 복이 저 복보다 더 뛰어나다. 어떻게 남을 위해 설명해 줄 것인가? 설명해 준다는 관념에 집착하지 말고 흔들림 없이 설명해야 한다. 왜냐하면

일체 모든 유위법은　꿈·허깨비·물거품·그림자
이슬·번개 같으니　이렇게 관찰할지라."

부처님께서 이 경을 다 설하시고 나니, 수보리 장로와 비구·비구니·우바새·우바이와 모든 세상의 천신·인간·아수라들이 부처님의 말씀을 듣고 매우 기뻐하며 믿고 받들어 행하였습니다.

丘尼　優婆塞優婆夷　一切世間天人阿
구니　우바새우바이　일체세간천인아

修羅　聞佛所說　皆大歡喜　信受奉行
수라　문불소설　개대환희　신수봉행

金剛般若波羅蜜經
금강반야바라밀경

眞言
진언

那謨婆伽跋帝　鉢喇壤　波羅弭多曳
나모바가발제　발라양　파라미다예

唵　伊利底　伊室利　輸盧馱　毘舍耶　毘
옴　이리저　이실리　수로타　비사야　비

舍耶　莎婆訶
사야　사바하

96

방 | 함 | 록

대한불교조계종

종　　　　정	도림 법전
원로회의 의장	종　산
총 무 원 장	지　관
중앙종회 의장	보　선
호 계 원 장	법　등
교 육 원 장	청　화
포 교 원 장	혜　총

역경위원회

위원장	통　광
위　원	정　우
	지　오
	학　담
	정　원
	지　안
	덕　문
	해　주
	적　연

금강경편찬실무위원회

위원장	연　관
위　원	각　묵
	무　애
	송찬우
	김호성
	김호귀

교육부

교 육 부 장	법　장
교 육 국 장	성　해
연 수 국 장	범　수
교 육 차 장	전형근
교 육 팀 장	전인동
행 정 관	권상혁
행 정 관	김영미
주　　　임	류창하
연 수 팀 장	김성동
주　　　임	이승철
주　　　임	송재일
불교서울전문강당	조영덕

불학연구소

연 구 소 장	현　종
사 무 국 장	명　연
선 임 연 구 원	서재영
상 임 연 구 원	요　경
상 임 연 구 원	대　해
상 임 연 구 원	범　준
상 임 연 구 원	김광식
주　　　임	장혜정

조계종 표준 한문·한글본
금강반야바라밀경(독송본)

1판 1쇄 펴냄 2009년 1월 30일
1판 74쇄 펴냄 2025년 11월 14일

편 역 대한불교조계종 교육원
펴 낸 이 원명
펴 낸 곳 (주)조계종출판사

출판등록 제2007-000078호
등록일자 2007년 4월 27일
주 소 서울시 종로구 삼봉로 81
두산위브파빌리온 1308호
전 화 02-720-6107
팩 스 02-733-6708
구입문의 불교전문서점 향전(www.jbbook.co.kr) 02-2031-2070~1

© 대한불교조계종 교육원, 2009
ISBN 978-89-93629-04-0 03220

※ 저작권법에 의하여 보호를 받는 저작물이므로
무단으로 복사, 전재하거나 변형하여 사용할 수 없습니다.
※ 책값은 뒤표지에 있습니다.
※ (주)조계종출판사의 수익금은 포교·교육 기금으로 활용됩니다.

스님들이 자주 찾는 법보시 도서 베스트

■ 조계종 표준 금강반야바라밀경

독송본 6,000원   주석본 10,000원

사경본_한글   사경본_한문
(사철제본)   (사철제본)
8,000원   8,000원

포켓본 6,000원

■ 조계종 표준 우리말 천수경

독송본(칠정례,   사경본(사철제본)
반야심경) 5,000원   8,000원

■ 조계종 표준 우리말 반야심경

사경본(사철제본)
7,500원

■ 우리말 아미타경   ■ 신묘장구대다라니

사경본(사철제본)   사경본(사철제본)
8,000원   7,500원

우리 시대 대강백 무비스님 저서 시리즈

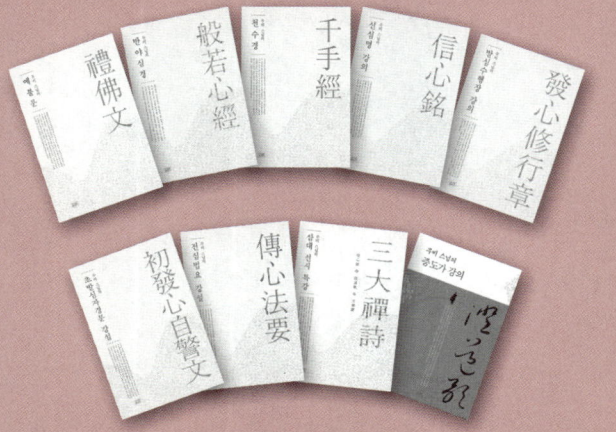

- 무비스님의 **예불문**
  120쪽 | 값 11,000원
- 무비스님의 **반야심경**
  160쪽 | 값 9,000원
- 무비스님의 **천수경**
  176쪽 | 값 12,000원
- 무비스님의 **신심명 강의**
  232쪽 | 값 12,000원
- 무비스님의 **발심수행장 강의**
  128쪽 | 값 10,000원

- 무비스님의 **초발심자경문 강설**
  328쪽 | 값 13,800원
- 무비스님의 **전심법요 강설**
  408쪽 | 값 18,000원
- 무비스님의 **삼대 선시 특강**
  400쪽 | 값 18,000원
- 무비스님의 **증도가 강의**
  400쪽 | 값 20,000원